Paradies Müritz

Paradies Müritz

PETRA KONERMANN (Text)
RONNY BLOHM (Fotografie)

HINSTORFF

Von Wellen umspielt

Noch heute, so erzählt es die wohl schönste Sage der Region, sitzt eine Nixe am Grund des Sees und bewacht den größten Bernstein, der je in der Müritz gefunden wurde. Tag und Nacht hütet sie ihren Schatz. Ihre Schwestern haben aus Bernstein, den sie in den Fluten und Buchten des Wassers gefunden haben, ein großes Schloss um die Nixe und ihren Stein herum gebaut. Ein herrlich leuchtender, wie Sonnenschein glühender Palast ruht seit Menschengedenken an der tiefsten Stelle der Müritz. Wer sich dem Bernstein-Schloss nähert, wird von der Nixe verzaubert, sodass sich sein Boot weder vorwärts noch rückwärts bewegen kann. Und nähert sich gar jemand in böser Absicht, dann wird er von den Wellen verschlungen. Früher, wenn Kinder an den hiesigen Stränden Bernsteinstücke fanden, was bis heute keine Seltenheit ist, sagten die Leute: »Dat hett de Storm vont Schloss afbröckelt!« – Das hat der Sturm vom Schloss abgebrochen.

Keine Paläste, wohl aber Guts- und Herrenhäuser, manchmal auch Schlösser, sind die architektonischen Schätze der Müritzregion. Zu DDR-Zeiten wenig geschätzt und oftmals nur notdürftig bewahrt, sind sie inzwischen zu einem Markenzeichen des Landstrichs geworden. Fast jedes größere Dorf nennt ein Guts- oder Herrenhaus sein Eigen. In vielen von ihnen regt sich seit der politischen Wende vor rund 20 Jahren neues Leben – manchmal überraschend und ungewöhnlich. Die Region ist seit Langem ein anerkanntes Urlaubsziel, dessen Beliebtheit weiter wächst. Das hat nicht nur damit zu tun, dass tausende einstige DDR-Bürger nach endlich möglichen Reisen in alle Welt »ihre« Müritz wiederentdeckt haben. Die paradiesische Ausstattung dieses Landstrichs, die hält, was sie in puncto Ruhe, Naturerlebnis und Kultur verspricht, ist ein Besuchermagnet mit ganz erheblichem Anteil an den über 10 000 000 Übernachtungen, die Mecklenburg-Vorpommern pro Jahr heute zählt. Das »Kleine Meer«, wie die Müritz aus dem Slawischen übersetzt heißt, ist das »Herzstück« der Region – ihr Schmuckstück, ihr Wahrzeichen, ein Rückzugsort, der trotz vieler Wassersportler im Sommer viel Raum für den ganz eigenen Urlaub und ganz individuelle Erlebnisse lässt. Über 117 Quadratkilometer erstreckt sich die Müritz, die, wie die anderen Gewässer im »Land der tausend Seen« auch, ein Produkt

Seite 6 / 7: Wienpietschseen bei Waren

der letzten Eiszeit ist, die vor etwa 117 000 Jahren begann und deren Ausläufer bis zur Weichsel reichten. Gletscher-Vorstöße aus dem Norden brachten nicht nur unzählige Findlinge und verschiedene Ablagerungen mit, sondern »gestalteten« die heute typische Landschaft – voller Seen und Sölle, mit oft überraschenden Hügeln und kleinen Bergen, die in ihrer Abwechslung die Attraktivität des Landstrichs ausmachen.

Für den Müritz-Nationalpark, östlich des großen Binnensees gelegen, sind ausgedehnte Kiefernwälder und große Moore typisch. Rund 100 Seen, die größer als einen Hektar sind, liegen im Schutzgebiet, das sich in seinem größeren Bereich über 260 Quadratkilometer erstreckt. Die kleinere Teilfläche des Parks mit 62 Quadratkilometern, um den weiter südlich gelegenen Ort Serrahn bezaubert durch bemerkenswert alte Buchenwälder in einer hügeligen Landschaft mit vielen kleinen Seen und Mooren.

Der Nationalpark ist die Heimat der Seeadler und des Fischadlers, der in oft waghalsigen Manövern seine Beute aus dem Wasser reißt. Das Trompeten der Kraniche begleitet das Frühjahr und den Herbst eines jeden Jahres. Hautnah erlebt der Besucher Flora und Fauna bei Führungen, die von privaten Anbietern, aber auch vom Nationalparkamt selbst angeboten werden. Busse des öffentlichen Nahverkehrs bringen während der Sommer-Saison Gäste samt ihrer Fahrräder zu vielen Stationen rund um die Müritz. Von hier aus können sie radelnd auf dem Weg zur nächsten Haltestelle die Natur genießen oder an Bord eines Ausflugsdampfers übers Wasser schippern.

Gutshäuser mit Geschichte und Gegenwart

Landwirtschaft prägt seit Jahrhunderten Mecklenburg und damit auch die Region rund um die Müritz. Die Menschen lebten, von Städten wie *Malchow* und *Waren* oder auch dem typischen Ackerbaustädtchen *Röbel* abgesehen, in Gutsdörfern, in denen landwirtschaftliche Betriebe existierten und in denen Guts- und Herrenhäuser ganz unterschiedlicher Stilrichtungen entstanden. Häufig wechselnde Besitzverhältnisse bestimmten nicht nur die wirtschaftliche Struktur der Dörfer, sondern auch die der Residenzen von Gutsherren, Pächtern oder Verwaltern. Zwei Weltkriege und die Weltwirtschaftskrise brachten große Veränderungen. Einst gab es im Müritzkreis rund 150 Guts- und Pächterhäuser, heute existieren immerhin noch 119.

Eine überaus facettenreiche Nutzung der Gutshäuser während der DDR-Zeit bedeutete für viele historische Objekte zumindest einigermaßen den Erhalt der Substanz. Als dringend benötigter Wohnraum, gerade für Flüchtlinge, als dörfliche DDR-Konsum-Einkaufsquelle, als Domizil für den Friseur oder die Arzt- und Gemeindeschwester-Praxis, Kulturraum für die Werktätigen oder als Amtsstube für den Dorfbürgermeister – eine Verwendungsmöglichkeit fand sich für die oft weitläufigen Gebäude fast immer.

Nach der politischen Wende waren Eigentumsverhältnisse zu klären. Viele Gemeinden waren froh, wenn sich ein neuer / alter Besitzer fand oder ein Verkauf Hoffnung auf Aufschwung ins Dorf brachte. In den folgenden Jahren entwickelten sich sehr verschiedene Gutshaus-Konzepte, die eng

Herbst im Müritz-Nationalpark, bei Speck

Gutshaus Ludorf, von innen und außen

mit der Müritz-Region als Urlaubsmagnet verbunden sind. Das Schloss von *Marihn* bei Waren etwa bezaubert nicht nur durch seine Architektur, sondern auch mit seinem Rosengarten. Stilvoll entspannen und genießen können Besucher des Gutshauses *Ludorf*, das sich ganz auf Hotelgäste eingestellt hat. Als Geheimtipp gilt das etwas versteckt liegende Gutshaus *Solzow*, welches sich ohne jegliche Werbung Sommer für Sommer mit Gästen füllt, die absolute Ruhe suchen. Das kleine Gutshaus in *Rogeez* dagegen ist der private Rückzugsort einer Familie, während das Schloss *Fincken* noch immer auf neue Besitzer wartet, obwohl es 1993/94 saniert wurde.

Fast noch im Dornröschen-Schlaf schlummert das Gutshaus *Boek*, um dessen Wiederbelebung sich die Gemeinde Rechlin seit der Wende bemüht. Ungeklärte Eigentumsverhältnisse hingen den Akteuren hier lange Zeit wie ein Klotz am Bein. Nachdem diese Frage endlich geregelt ist, will man nun an lange vergessene literarische Traditionen anknüpfen. Gertrud von Le Fort, katholische Schriftstellerin von europäischem Rang im 20. Jahrhundert, hat im Gutshaus und in Boek Kinder- und Jugendtage verbracht. Ihre tiefe Verbundenheit mit diesen Orten hat sie in ihr literarisches Werk einfließen lassen und ihnen damit ein wunderbares, einfühlsames Denkmal gesetzt – ein Schatz, der allerdings noch lange nicht gehoben ist und derzeit nur in ersten Ansätzen gezeigt werden kann.

Dafür lockt im Gutshaus Boek jetzt schon eine interessante Ausstellung zur Flora und Fauna des Müritz-Nationalparks, die sich durch ein unverwechselbares Konzept auszeichnet. Mit einem konzentrierten Blick für die Bedürfnisse von Besuchern mit Handicap kann man Exponate auf ungewöhnliche Weise erfahren. Wie fühlt sich die Kralle eines Adlers an? Was ist das Charakteristische am Fell eines Bibers? In Boek, wo Menschen mit Sehbehinderungen die Tierwelt des Müritz-Nationalparks über den Tastsinn nahegebracht wird, hat jeder andere Besucher mindestens ebenso viel Freude am Entdecken. Die Wanderwege, die vom Gutshaus in den Nationalpark führen, zeichnen sich durch Behindertenfreundlichkeit aus. Die Aussichtsplattform direkt am Müritzufer, nur wenige hundert Meter vom Ort Boek entfernt, ist für Rollstuhlfahrer geeignet. Hier lohnt übrigens sogar ein Besuch im Winter: Singschwäne lassen sich dort Jahr für Jahr nieder.

Hautnah kommt den Wildtieren des Schutzgebiets, wer eine Kremserfahrt in den *Wildpark Boek* bucht. Die Tour in ein abgeschlossenes Gebiet garantiert den Blick auf Reh, Hirsch und andere Tiere. Dabei können die Gäste viel zur Geschichte des Nationalparks erfahren und Mecklenburger Merkwürdigkeiten wie Wanderdünen inmitten von Kiefernwäldern bestaunen. Dies hinterlässt besonders im Herbst zur Zeit der Hirschbrunft einen unvergesslichen Eindruck.

Fliegen und andere Grenzerfahrungen

Rechlin, nicht mehr ganz Dorf, doch auch keine Stadt, ist wohl *der* Ort im Müritzkreis, der besondere Kapitel deutscher Geschichte nachvollziehbar macht. Einst recht unscheinbar und mit nur wenigen Einwohnern, erfuhr Rechlin infolge des Ersten Weltkriegs und verstärkt ab 1933 einen Aufschwung, der vor allem dem Kriegsstreben der Nationalsozialisten geschuldet war. Hier entstand eine Erprobungsstelle der Luftwaffe – quasi eine Erfinderwerkstatt im großen Stil, die im sogenannten Dritten Reich mit enormen Geldmitteln finanziert wurde. Das Jahr 1916 gilt als Beginn der Erprobungsstelle Rechlin, als zunächst das Kaiserliche Heer dort eine Flieger-Versuchs- und Lehranstalt an der Müritz plante. Ab 1933 wurde Rechlin dann zur Erprobungsstelle der Luftwaffe ausgebaut, der damals größten ihrer Art in Deutschland. Ergebnisse von Erprobungen und Entwicklungen der hiesigen Ingenieure aus den Jahren 1926 bis 1945 beeinflussten die spätere Luftfahrttechnik und trieben sie voran. So fanden hier zum Beispiel Tests mit dem ersten Strahlflugzeug der Welt statt.

Nach dem Ende des Zweiten Weltkrieges wurde Rechlin zur Garnision für die Rote Armee und durch diese Nutzung in zwei Teile zerschnitten. Erst nach dem Abzug der sowjetischen Truppen wuchs das Getrennte wieder zusammen und entwickelte sich mit Hilfe von privaten Geldern und auch öffentlichen Fördermitteln zu einem touristischen Reiseziel. Ferienparks und ein Müritzhafen sind Ausdruck davon. Doch ganz vergessen ist die »Fliegerei«, wie die Rechliner sagen, nicht. Schließlich gibt es ein großes und sich ständig weiterentwickelndes Luftfahrttechnisches Museum. Und das sommerliche Flugplatzfest ist jedes Jahr ein Höhepunkt im lokalen Veranstaltungskalender.

Bootshäuser im Rechliner Hafen

Munitionslager, Schafstall, Strohlager und Sporthalle – die Kirche in Rechlin-Nord war in ihrer Geschichte vielfach zweckentfremdet. Heute ist das 1832 errichtete Gotteshaus dank des Einsatzes eines Fördervereins nach der Wende wieder Treffpunkt für Gläubige und gleichzeitig auch ein Ort für Konzerte und Ausstellungen.

Die direkte Grenze des Landkreises Müritz mit Brandenburg im Süden spielte in der Wahrnehmung der Müritzer kaum eine Rolle. Erst vor ein paar Jahren wurde die gemeinsame Idee von Mecklenburgern und »Preußen« geboren, die einstmals ungewöhnlichen Beziehungen touristisch zu nutzen. Die über Jahrhunderte bestehende tiefe Feindschaft zwischen beiden Seiten, geprägt von Grenzstreitigkeiten, Zerstörungen, ja sogar Raubüberfällen, ist nicht nur längst vergessen, sondern bietet heute sogar eine gute Vorlage für Feste und Begegnungen. Das »Grenzland« zwischen dem mecklenburgischen Dorf *Wredenhagen* und der brandenburgischen Stadt *Wittstock* ist ein riesiges Heidegebiet – einst bestens geeignet, um Schmugglerware auf geheimen Pfaden zu transportieren und Zoll zu sparen. »Entlang der Schmugglerheide« heißt heute die Erlebnisstraße von Wittstock über Wredenhagen und *Bollewick* nach *Röbel*. Im zweijährigen Rhythmus findet das Schmugglertreffen statt, wobei sich die vier Orte als Schauplatz abwechseln. Gehüllt in historische Kostüme begraben Mecklenburger und Brandenburger nicht nur symbolisch die einstige Feindschaft: Honoratioren der Dörfer und Städte unterschreiben immer wieder aufs Neue einen Freundschaftsvertrag, um anschließend mit viel Spektakel und einigen hochgeistigen Getränken zu feiern.

Wredenhagen hat nicht nur zum Schmugglerfest seinen Reiz. Der einstige Hauptort der südlichen Müritzregion mit seiner charakteristischen Burg war ein wichtiges Verteidigungselement im Grenzland zu Brandenburg. Von hier aus regierten die Fürsten ihr Land – freilich mit Unterbrechungen, denn Raubritter aus dem Brandenburgischen gewannen oft genug die Oberhand vor Ort. Seit 1991 wird an der Sanierung vom »Novum Castrum Wenden«, an der Neuen Burg Wenden, gearbeitet. Ein großer Teil konnte inzwischen restauriert werden, viele Ausstellungsräume stehen historisch Interessierten offen. Eine »Frischzellenkur«, die dazu beiträgt, dass die Festung kein lebloses Gemäuer ist, erhält die Burganlage Tag für Tag durch die Jüngsten des Dorfes. Denn dort wo einst Fürsten residierten, befindet sich die Grundschule der Gemeinde, die sich über mangelnden Zulauf nicht beklagen kann. Als sogenannte Kleine Grundschule auf dem Lande genießt sie auch bei geringen Schülerzahlen Bestandsschutz und lockt mit nahezu paradiesischen Lernmöglichkeiten: Winzige Klassen in familiärer Atmosphäre mit dem wohl schönsten Schulhof des ganzen Landstrichs direkt vor der Tür. Denn das abgeschlossene Burgareal dient als »Pausenraum«, seinen Mittelpunkt bildet eine über 200-jährige riesige Blutbuche.

Die Kirche von *Dambeck*, deren Ruine nahe des Dambecker Sees zu finden ist, gehört zu den ältesten Feldsteinkirchen in Süd-Mecklenburg. Giebel und Mauerreste sind heute noch zu sehen – ein wild verwunschener, für manche auch unheimlicher Ort, an dem sich die üppige Vegetation gerade im Sommer Terrain zurückerobert. Das einstige Got-

Luftfahrttechnisches Museum Rechlin

Burg Wredenhagen

Kirchruine Dambeck

teshaus stammt aus den Anfängen der Christianisierung und wurde im 12. Jahrhundert als spätromanische Wehrkirche mit Schilf-Eindeckung errichtet. Nach dem Dreißigjährigen Krieg fiel das Dach des Kirchenschiffes ein. Noch bis 1863 wurde das Schilf über dem Chor immer wieder ausgebessert und der darunterliegende Raum für Gottesdienste genutzt. Danach stand die Kirche lange Zeit verlassen, bevor sie 1918 neu geweiht und als Gedächtnisstätte für Gefallene des gerade zu Ende gegangenen Weltkrieges eingerichtet wurde. Vor einem halben Jahrhundert schlug dann ein Blitz ein und zerstörte die Kirche vollends. Moderne Legenden wollen glauben machen, dass damals ein sowjetisches Munitionslager in die Luft flog und den heutzutage sichtbaren Zustand schuf.

Die bunte Stadt Röbel

Über einen Teil der Deutschen Alleenstraße erreichen Autofahrer *Röbel* – sowohl von Norden kommend als auch aus dem Süden führen baumbestandene Asphaltwege in die »Bunte Stadt am kleinen Meer«, wie die Röbeler sagen. Doch den schönsten Weg wählt derjenige, der mit dem Schiff kommt. Von Wasser aus beeindruckt das einstige Ackerbürger-Städtchen nicht nur mit einer stimmungsvollen Silhouette, die gleich zwei große Kirchen und eine sanierte Mühle samt Flügeln aufzuweisen hat. Fast legendär ist die sogenannte Kirchenfinsternis, auf die kein Schiffsführer der Weißen Flotte hinzuweisen vergisst. Nähert sich der Dampfer dem Müritzbinnenbereich, so scheint es, als würde eine der Röbeler Kirchen vor die andere geschoben. Nur ein kurzer Augenblick des Staunens, dann kehrt die anheimelnde Kulisse des Städtchens mit St. Marien und St. Nikolai zurück. Der Grund für Röbels doppelte Ausstattung mit Gotteshäusern ist in der Geschichte zu finden. Während sich Alt- und Neustadt über lange Zeit unabhängig entwickelten – und die Bewohner beider Quartiere über Jahrhunderte hinweg einander nicht »grün« waren – tat eine Bestimmung des Papstes im Jahr 1252 ein Übriges zur »Teilung« dazu. Sie legte nämlich die Grenze der Bistümer Havelberg und Schwerin mitten durch Röbel.

Der Stadthafen mit seiner liebevoll sanierten Müritz-Promenade ist der perfekte Ausgangspunkt, um Röbel kennenzulernen. An rund 30 einstmals (und manchmal auch heute noch) wichtigen Gebäuden entfachen Hinweis-Tafeln als Teil eines historischen Rundgangs Entdecker-Lust. Kurz und prägnant stellen sie Episoden und Persönlichkeiten aus der Lokalgeschichte dar – illustriert von der Hand des weit über Röbel hinaus bekannten Malers und Grafikers Werner Schinko. Mit dem legendären Bürgermeister Karl Hermes, der im 19. Jahrhundert fast 50 Jahre regierte, kann man dabei ebenso Bekanntschaft machen wie mit dem Schriftsteller Dr. Albert Niederhöffer, der im Laufe seines Lebens rund 350 mecklenburgische Volkssagen sammelte. Keinesfalls verpassen darf man einen Besuch in der Stadtwindmühle. Sie steht, so fachsimpeln Experten, auf einem ehemaligen Burgberg, auf jeden Fall an einer Stelle, die anheimelnd und

Blick von der Röbeler Mühle auf St. Nikolai

luftig zugleich ist. Die Mühle, saniert und wieder mit dem Original nachempfundenen Flügeln versehen, ist von der Kommune an den Bund für Natur und Heimat Müritz-Elde e. V. verpachtet, der mit viel ehrenamtlichem Engagement eine öffentliche Nutzung des denkmalgeschützten Gebäudes gewährleistet. Über mehrere Etagen des zwischenzeitlich auch schon als Jugendherberge genutzten Gebäudes zieht sich eine Ausstellung zur Mühlengeschichte und zu Bodendenkmalen in der Region. Wechselausstellungen geben Gelegenheit, Werke einheimischer Künstler kennenzulernen. Und nicht zuletzt bietet die Mühle einen herrlichen Blick über die Dächer der Stadt.

Das lokale Haus des Gastes beherbergt neben der Touristinformation auch ein bis ins kleinste Detail liebevoll gestaltetes Heimatmuseum. Viele Röbeler haben wertvolle Exponate beigesteuert und so an einem Ort des Bewahrens und Erinnerns mitgewirkt, der Spannendes aus einer fast 750-jährigen Geschichte bereithält.

Wer im Haus des Gastes weilt, sollte sich einen Blick in den Garten gönnen, der mit einem alten Baumbestand, gepflegten Beeten, Ruhebänken, einem kleinen Amphitheater für Veranstaltungen und sogar mit einem Bootsanleger ausgestattet ist. Denn die öffentliche »Angelegenheit« endet – wie sollte es anders sein? – direkt an der Müritz. Gleichzeitig liegt der Röbeler Bürgergarten, wie dieses Fleckchen heißt, im Schatten der Marienkirche, die auf einem Hügel direkt am Müritzufer steht. Nach dem Inneren der Nikolaikirche am sanierten Röbeler Marktplatz wurde auch St. Marien unlängst mit viel Aufwand restauriert. Über eine steile steinerne Wendeltreppe, über hölzerne Stiegen am Glockenstuhl vorbei, gelangt man auf den 58 Meter hohen Turm mit einem wunderbaren Blick über die Müritz, den Hafen und die Stadt. Von hier oben wird die mittelalterliche Siedlungsstruktur deutlich. Viele der betagten Häuser verfügen über einen großen Hinterhof: Früher Heimstatt von Rind, Pferd und Schwein der »städtischen« Bauern, heute ruhige Refugien, oftmals mit Müritzblick.

Von Röbels Marienkirche auf die Müritz geschaut

Wer einmal die vielen Fassaden in Gelb, Hellblau und Ziegelrot erlebt hat, weiß, was es mit dem Namen »Bunte Stadt am kleinen Meer« auf sich hat. Nicht der Geschmack seiner heutigen Besitzer hat für die farbenfrohen Akzente den Ausschlag gegeben. Im Zuge der seit der »Wende« angestrengten Stadtsanierung haben Fachleute herausgefunden, dass die Häuser anno dazumal nicht grau und einheitlich aussahen, sondern dass ihre Bewohner sich auffälliger Farben bedienten. Standen die »nach-Wendischen« Röbeler dieser Art von Lebensfreude anfangs skeptisch gegenüber, so sind die bunten Häuser längst zu einem Markenzeichen des Ortes geworden, auf das die Bürger stolz sind.

Stolz sind sie auch auf ihre *Müritz-Therme*, die vor einem guten Jahrzehnt als »Geschenk« der Landesregierung an die Kommune entstand. Röbel verlor seinerzeit bei einer Gebietsreform den Status als Kreisstadt, der Bau der Sport- und Freizeiteinrichtung sollte für einen gewissen Ausgleich sorgen. Eine große Wasserrutsche, verschiedene Fontänen, Whirlpool, Sportbecken und nicht zuletzt ein Sauna- und Wellnessbereich sorgen nun dafür, dass Röbel auch an Regentagen nicht langweilig wird.

Fachwerkhaus in der Röbeler Altstadt

Pforte und Portal der Nikolaikirche

ИС 20-119

Groß, rund und anziehend

Während die Scheunen der Röbeler Ackerbürger normale Ausmaße hatten, liegt vor den Toren der Stadt in *Bollewick* eine Scheune mit imposanten Ausmaßen, die von Einwohnern jenes Dorfes selbstbewusst als größte ihrer Art in ganz Deutschland bezeichnet wird. Baron von Langermann zu Erlenkamp und Spitzkuhn ließ im Jahre 1881 dieses erstaunliche Wirtschaftsgebäude errichten. Es ist 125 Meter lang, 34 Meter breit und bietet unter seinem Dach sage und schreibe rund 10 000 Quadratmeter Fläche. Bis kurz nach der Wende diente es als Stall für 650 Kühe einer Landwirtschaftlichen Produktionsgenossenschaft.

Mit dem Zusammenbruch der DDR stand die Gemeinde Bollewick vor der Frage, was mit dem riesigen, zum Teil aus Feldsteinen gemauerten Gebäude geschehen sollte. Abriss oder Nutzung? Chance oder Hemmnis? Heute sind diese Fragen längst beantwortet: Die Scheune des alten Barons ist ein Ort für Kulturveranstaltungen, Ausstellungen, Sinfoniekonzerte, Tagungen und nicht zuletzt für große Märkte, die übers gesamte Jahr hinweg an ausgewählten Wochenenden stattfinden. Inzwischen haben sich außerdem Geschäfte, Werkstätten und sogar ein Bio-Hotel unter dem gigantischen Dach angesiedelt. Die Scheune hat bis auf wenige Ausnahmen täglich geöffnet und ihre Angebote sorgen für Kurzweil beim Bummeln, Schauen, Probieren und Kaufen. Wer an einer der angebotenen Führungen teilnimmt, kann sich mit der Geschichte des Gebäudes intensiv vertraut machen.

Bahnhofmuseum Röbel

Die Bollewicker sind nicht allein auf das Bewahren ihrer Vergangenheit bedacht. Vor Ort regt sich Zukunftsgeist mit großen Visionen. So hat die Gemeinde ihren Weg zum ersten autarken Bio-Energiedorf des Müritzkreises abgesteckt. Auf dem Dach der »Gläsernen Werkstatt« gegenüber der Scheune arbeiten ebenso wie auf dem Dach der Feldsteinscheune Photovoltaikanlagen, speisen Strom ins öffentliche Netz und sorgen für zusätzliche Einnahmen in der Gemeindekasse. Künftig möchte sich die Kommune über Biogas-Anlagen ein eigenes Nahwärmenetz schaffen, um unabhängig von großen Energieversorgern zu werden. Dieses Ziel soll gemeinsam mit anderen Gemeinden und Unternehmen im Land erreicht werden, wobei auch Fördermittel der Bundesregierung zum Einsatz kommen.

Weniger durch ihre Maße als durch ihre besondere Form berühmt ist die nahe gelegene *Finckener Scheune*. Im 18. Jahrhundert errichtet, diente sie den Gutsbesitzern als Pferdestall. Das Besondere: Die Scheune ist komplett rund, ein Umstand, der dem Geschmack ihres Erbauers geschuldet und in ganz Mecklenburg-Vorpommern einzigartig ist. Die mit viel Aufwand und öffentlichen Mitteln sanierte Rundscheune dient als Veranstaltungs- und Versammlungsort sowie als Zentrale der Dorffeuerwehr.

Zwei weitere Scheunen im Müritzkreis verfügen über einen direkten Draht zur Klassik. Die eine, im Gutsensemble von *Woldzegarten*, ist längst nicht mehr Unterkunft fürs Vieh, sondern ein rund 900 Quadratmeter großer Konzert- und Veranstaltungsraum für rund 600 Zuschauer. Beim Umbau wurde die traditionelle »Zimmermannsgotik« bewahrt.

Kein Geringerer als Lord Yehudi Menuhin war es, der 1997 mit seinem Auftritt die Scheune in *Ulrichshusen* ins Licht der Öffentlichkeit rückte. Fünf Jahre zuvor hatte die Familie von Maltzahn damit begonnen, das Schloss Ulrichshusen zu sanieren, eines der ältesten erhaltenen Herrenhäuser Mecklenburgs und seit rund 500 Jahren – mit Unterbrechungen vor allem nach dem Zweiten Weltkrieg – Maltzahn'scher Stammsitz. Freiherr Ulrich von Malzahn (dieser Familienzweig schrieb ohne »t«) war es, der 1562 die Wasserburg auf den Resten einer mittelalterlichen Vorläuferin errichten ließ. Rund 400 Jahre später waren die Maltzahns wieder zur Stelle, um das Familienerbe anzutreten und zu pflegen. Mit Liebe zu historischen Details wurden das Schloss zu einem Hotel, der alte Pferdestall zum Restaurant und die Scheune zu einem Konzertsaal ausgebaut. Jahr für Jahr gibt es dort ein umfangreiches Musikprogramm, Ulrichshusen ist Hauptspielort der *Festspiele Mecklenburg-Vorpommern*. Und die Pläne der von Maltzahns gehen mittlerweile über Ulrichshusen hinaus. Im Nachbardörfchen *Tressow* nimmt der Ausbau der dortigen Gutsanlagen zu Ferienwohnungen Gestalt an. Und auch in Tressow soll künftig Klassik erklingen, unter freiem Himmel am Tressower Weiher, auf einer Bühne mitten im See vor einem natürlichen »Wiesen-Auditorium", das in englischer Manier Konzertgäste zum Picknick einlädt.

Vor Konzertbeginn: Festspiele Mecklenburg-Vorpommern in der Ulrichshusener Scheune

Schloss Ulrichshusen

Vom Charme der Loire zum golfenden Robinson

Die Bezeichnung »Schloss« verdient im Müritzkreis neben Ulrichshusen noch ein anderes imposantes Gebäude – das Herrenhaus in Klink. Um eine Anmutung der französischen Loire-Schlösser an die Müritz zu holen, ließ sein Erbauer damals nach Plänen eines entsprechend talentierten Berliner Architekten arbeiten. Direkt am Müritzufer gelegen, ist Klink heute eines der beliebtesten Hotels der Region und erfreut als besondere Landmarke Wassersportler ebenso wie Passagiere der Müritz-»Dampfer«.

Der Ort Klink begann seine touristische Karriere in den 1970er-Jahren, als das große Ferienheim des »Freien Deutschen Gewerkschaftsbundes« fertiggestellt wurde. In Y-Form errichtet, ragt der riesige Bau direkt am Müritzufer empor und gehört bis heute zu den bettenreichsten Urlauberunterkünften der Region. Kein anderes Hotel bietet einen ebenbürtigen Blick auf die Müritz. Als Geheimtipp gilt das Restaurant auf dem Dach, das auch für Tagesgäste geöffnet hat. Auf einem 45 Hektar großen Seegrundstück besitzt das *Müritz Hotel* mit Schwimmhalle, Sauna, Kneipp-Anlage, Sport- und Bowlingcenter, weißen Sandstränden, eigener Marina, Bankett- und Gastronomie-Räumlichkeiten alles, was seine »Plattenbau-Romantik« schnell vergessen macht. Übrigens haben die Mitarbeiter des Hotels selbst vor rund 20 Jahren dafür gesorgt, dass der Betrieb weiterging. Bis ein Investor gefunden war, arbeiteten Angestellte ganz ohne Lohn – eine Vorleistung, die sich mittlerweile ausgezahlt hat.

Schloss Klink

Unweit des Hotels wurde 1997 eine der größten Rehabilitationskliniken Mecklenburg-Vorpommerns eröffnet. Die *Müritz Klinik* betreut Patienten in den Bereichen Orthopädie, Kardiologie, Urologie, Rheumatologie und – als Besonderheit – Transplantationsvor- und nachsorge.

Das einst nach dem Vorbesitzer als Schloss Blücher bezeichnete Herrenhaus in *Göhren-Lebbin* ist ein Wahrzeichen für das »Land Fleesensee«, welches rund 20 Kilometer östlich der Kreisstadt Waren liegt. Mit Investitionen von rund 400 000 000 D-Mark – pro Kopf gerechnet für jeden Göhren-Lebbiner Einwohner rund eine Million, so sagte man – wurde das Dorf zu einer der ersten Adressen in Sachen Tourismus umgekrempelt. Das *Land Fleesensee* ist Deutschlands größte Ferien- und Freizeitanlage und liegt nahe dem Gewässer, das ihm seinen Namen geliehen hat. Mit einer Gesamtfläche von 500 Hektar wird das Areal als Nordeuropas größtes Golfressort bezeichnet, das auch Hotelanlagen sowie den einzigen Robinson Club in Deutschland umfasst. Das Bundesland Mecklenburg-Vorpommern förderte den Bau seinerzeit mit stolzen 92 Millionen Mark.

Inselstadt Malchow

Trotz der schier unerschöpflichen Konkurrenz an Urlaubsangeboten im Paradies der Müritz verzichtet wohl kaum ein Urlauber auf einen Besuch in Malchow. Über einen Erddamm gelangt man, von Waren aus kommend, auf die Insel, die das Herz der Stadt bildet. Hier steht das unter Einbeziehung moderner Elemente sanierte Alte Rathaus, hier finden sich viele Geschäfte und Gaststätten. Während der Schifffahrtssaison bietet sich in Malchow ein besonderes Schauspiel, wenn die historische Drehbrücke ihre Pflicht erfüllt. Wer auf dem Wasserweg vom Fleesen- über den Malchower in den Plauer See oder umgekehrt zur Müritz gelangen will, muss durch dieses Nadelöhr. Und nicht alle Schiffe sind so klein wie Schlauchboote oder Angelkähne, die unter der Brücke hindurchgleiten können. Immer zur vollen Stunde dreht sich daher die Anlage um 90 Grad, damit Hausboote, Segelyachten und vor allen Dingen die »Dampfer« freie Fahrt haben.

Damit die Inselstadt Malchow nicht ganz allein die Kosten für den Erhalt des technischen Denkmals schultern muss, wird für die Passage eine Spende erbeten – ganz unkompliziert und als oft fotografiertes Spektakel durch den Dienst habenden Brückenwärter mittels eines herausgestreckten Apfelpflückers. Nicht nur bei den Freizeitkapitänen auf der Müritz-Elde-Wasserstraße hinterlässt dieses täglich wiederkehrende Ritual bleibende Eindrücke, sondern auch bei den vielen Schaulustigen an beiden »Ufern«. Die Malchower selbst freilich können ihrer Drehbücke gerade während der Sommermonate nicht viel abgewinnen – allzu lang sind die durch die alte Dame verursachten Staus der wartenden Autos, die die engen Straßen verstopfen.

Malchow bietet viele Möglichkeiten. Drei ganz unterschiedliche Museen warten hier auf Besucher. Der jüngeren Geschichte hat sich das DDR-Museum verschrieben.

Blick auf Malchow mit der Klosterkirche

Hervorgegangen aus einer privaten Ausstellung mit dem Titel »DDR – Deutsche Dekorative Restbestände«, die in den 1990er-Jahren in Waren zu sehen war, befindet sich die immens angewachsene Sammlung nun im ehemaligen Kino der Inselstadt. Sozialistische Schulbücher und komplette Uniformen der staatstreuen Pionierorganisation, einst in jedem Haushalt zu findendes Haushaltsgeschirr, selbst ganze Schlafzimmer-Ausstattungen lassen die DDR in ihrem Alltag wieder aufleben bzw. führen sie dem Betrachter erstmals vor Augen. Ein riesiger Fundus an Gesammeltem, Gefundenem, Gespendetem und Eingetauschtem sind das Rückgrat des Museums, das mit immer neuen kleinen Sonderausstellungen zu verschiedensten Themen der DDR-Alltagskultur aufwartet.

Mit einem viel weiter zurückliegenden Alltag beschäftigt sich das kleine Heimatmuseum nahe dem ehemaligen Klostergelände. »Kiek in un wunner di« heißt es dort, eine Einladung an alle Besucher: Schau herein und wundere dich! Und in der Tat gehen so manchem Gast Augen und Ohren auf in den bis ins kleinste Detail sorgsam gestalteten Räumen. Kein Besucher wird allein auf Entdeckungsreise geschickt, immer sind Mitarbeiter zur Stelle, um zu erklären, zu erläutern und vorzuführen. Denn wer weiß heute noch, wie eine Klapp-Badewanne funktioniert? Oder dass der einladende Sessel ein Geheimnis birgt – nämlich eine zusätzliche und offenbar bequeme Funktion als Toilette? Und wer hat schon mal ein Tefifon live gehört? Anschauen und sogar anfassen – das ist bei »Kiek in un wunner di« erlaubt, oft sogar erwünscht.

An der Malchower Drehbrücke

Nicht nur etwas für Musiker ist das Mecklenburgische Orgelmuseum, das sowohl in der Klosterkirche als auch im sanierten ehemaligen Pfarrhaus zu finden ist. Hier residieren gleich mehrere »Königinnen der Instrumente«, die es zu betrachten und zu hören gilt. Das Museum, welches nach der »Wende« etabliert wurde, hat einen guten Ruf weit über die Grenzen des Müritzkreises hinaus. Schließlich geht es der Einrichtung nicht nur um die Geschichte der einzigartigen Orgel-Landschaft in Mecklenburg, sondern auch um das Bewahren bedrohter Instrumente. Unterschlupf erhalten hier schadhafte oder bedrohte Orgeln, deren Restaurierungsaufwand für kleine Kirchgemeinden aus dem ganzen Land nicht zu stemmen ist. Im Museum werden sie als Leihgaben vor weiterem Verfall bewahrt. Doch was wäre dieser Ort ohne den vielstimmigen »Gesang« der Orgelpfeifen? Sechs Orgeln, die in der Klosterkirche gezeigt werden, sind spielbar und erklingen während der regelmäßig angebotenen Führungen, aber auch in den Sommermonaten bei Konzerten. Im Juli und August laden die Museumsmitarbeiter immer Sonntags zur Orgelmatinee. Auch dabei fächert sich die Vielfalt der romantischen Orgel aus Mecklenburg auf. Hier können als seltene musikalische Konstellation eine Lütkemüller- und eine Sauer-Orgel im gleichen Raum gehört werden. Kein Wunder also, dass das Museum für Seminare und Tagungen von Kirchenmusikern genutzt wird. Die Ausstellung zur mecklenburgischen Orgelgeschichte, die im ehemaligen Pfarrhaus unweit der Klosterkirche zu finden ist, stellt eine ideale Ergänzung zum Klangerlebnis dar. Übrigens: Wer sich traut, kann in der stimmungsvollen Kirche auch den Bund fürs Leben eingehen.

In den Klostergebäuden wohnten einst Nonnen des Zisterzienser-Ordens. 1298 waren die Frauen von Röbel nach Malchow umgesiedelt, weil weder die dortigen Räumlichkeiten noch die Ernährungsgrundlage ausreichend waren. Nach der Reformation fanden unverheiratete adlige Damen – Fräuleins – in dem 1572 hier eingerichteten Stift Unterschlupf. Die letzte Domina (Vorsteherin) des Malchower Klosters überlebte das 1918 aufgehobene Stift um Jahrzehnte und starb als geachtete und verehrte Persönlichkeit 1972.

Malchow unternimmt seit vielen Jahren große Anstrengungen, um die Anlage zu erhalten und der Öffentlichkeit zugänglich zu machen. Sehenswert ist der Engelsche Garten, den Johann Jacob Christian Engel, einst von 1786 bis 1818 Küchenmeister im Kloster, angelegt hat. Neben dem herrlich alten Baumbestand können Besucher von der Steilhanglage des Gartens eine wunderbare Aussicht auf den Malchower See genießen.

Auf eine über 150-jährige Geschichte kann das Malchower Volksfest zurückblicken, es hat damit fast 100 Jahre Vorsprung vor ähnlichen Feiern in Röbel und Waren. Nirgendwo, so scheint es, verbindet man alte Traditionen mit modernen Ansprüchen besser als in Malchow. Das Fest zu Anfang des Sommers ist eine lokale, regionale und nicht zuletzt natürlich auch touristische Attraktion.

Rathaus Malchow

Waren

Waren – »Herz« der Müritzregion

Ein Bürgermeister, der fast seit der »Wende« ununterbrochen im Amt ist und nicht müde wird, den Slogan »Waren ist schön« zu bemühen, erzählt damit zwar nichts Neues, liegt aber gleichwohl richtig. Die Stadt hat nach 1989/90 einen schnellen Aufschwung genommen, der sie zum Herz der Region wachsen ließ. Von Vorteil war dabei ihre reizvolle Lage am »Nordzipfel« der Müritz mit unmittelbarer Nähe zum Nationalpark. Als vor rund 800 Jahren die ersten Deutschen begannen, hier eine slawische Siedlung weiterzuentwickeln, entstanden zwei Stadtkerne, von denen einer um eine Burg herum angelegt wurde. Der alte ovale Warener Stadtkern zwischen Tiefwarensee und Binnenmüritz ist noch immer zu erkennen.

Die Marienkirche auf der einen und die Georgenkirche auf der anderen Seite Warens sind steinerne Zeugen der »doppelten« Stadtgründung. Zuerst, so sagen Forscher, wird wohl die Burgsiedlung entstanden sein. »Terra Warne« war das Zentrum des Burgbezirks, in dem sich das Burgvolk niederließ und Wohnungen errichtete. Aus einer Kapelle entwickelte sich später St. Marien. Handwerker und Kaufleute wohnten weiter westlich. Der Mittelpunkt ihres Siedlungsbereiches war der alte Marktplatz samt Rathaus und der Georgenkirche. Im 14. Jahrhundert wuchs zusammen, was zusammen gehörte: Stadt und Burgsiedlung wurden vereinigt und mit einer Befestigung versehen. Ein weiteres Zentrum entstand, das bis in die Gegenwart hinein als Neuer Markt bezeichnet wird.

Ab der Mitte des 14. Jahrhunderts erfuhr Waren einen Aufschwung, fungierte nun als Residenz, in der sich eine Nebenlinie des mecklenburgischen Fürstenhauses niederließ. Als das Fürstengeschlecht schließlich 1425 erlosch, sank auch der Stern der kleinen Ackerbürgerstadt wieder. Gleich mehrmals zum Verhängnis wurde Waren die für das Mittelalter und die Frühe Neuzeit typische enge Bauweise. 1699 wütete der letzte Stadtbrand. Er muss eine wahre Wüste hinterlassen haben. Aus beiden Kirchen waren Ruinen geworden, nur das Rathaus am Alten Markt und einige Wohnhäuser standen noch.

Doch die Stadt erhob sich aus den Trümmern. Im Zuge des Neuaufbaus erhielt sie weitgehend ihr heutiges Gesicht. Fachwerkhäuser prägten fortan das Bild. Und als sich im 19. Jahrhundert die Verkehrsanbindungen verbesserten, erfuhr die Kleinstadt ihren Aufschwung. Die Elde wurde kanalisiert, künstliche Wasserstraßen zur Havel sorgten dafür, dass Waren nun auf dem »Seeweg« mit Hamburg und Berlin verbunden war. Neu ausgebaute Straßen von *Neubrandenburg*, *Röbel*, *Malchow* und *Teterow* trafen in Waren aufeinander. 1879 wurde die Stadt an die Eisenbahnlinie nach *Malchin* angeschlossen. Eine Brauerei, zwei Sägewerke und eine Dampfmühle spiegelten das Fortschreiten der Industrialisierung wider, am Hafen entstanden große Speichergebäude für Getreide. Weizen aus der Müritzregion wurde seit 1837 an der Hamburger Börse notiert und sogar bis nach Flandern und England verschifft. Der Hafen diente jedoch nicht nur als Umschlagsplatz für das Korn, auch Holz, Bruchsteine, Zucker und Zuckerrüben wurden

Neuer Markt in Waren

Rathaus und Stadtmuseum

Seite 41: Springbrunnen auf dem Neuen Markt

hier verladen. Nicht Ausflugslokale und sommerlich pulsierendes Leben kennzeichneten damals das Leben am Müritzufer, sondern harte Umschlagsarbeit.

Nichtsdestotrotz spülten die neuen Verkehrswege bereits Sommerfrischler an die Müritz. Ein erster Bade- und Kurbetrieb entstand. Nahe der heutigen Promenade am Kietz wurde 1885 eine »Seebadeanstalt« für Damen und Herren eröffnet. Auch Prominenz ließ sich von Warens neuem Ruf als Erholungsort anlocken. Theodor Fontane spannte 1896 zwei Monate lang in Waren aus und war des Lobes voll: über die ihm mundende Mecklenburger Küche ebenso wie über die schöne Landschaft. Es gefiel dem Schriftsteller so gut, dass er für die Müritzstadt in Berlin die Werbetrommel zu rühren versprach. Ob es nun an Fontanes Zuspruch lag, ist zwar nicht gewiss, aber bis in die 1920er-Jahre hinein stammten die meisten Sommergäste aus der damaligen Reichshauptstadt. Und Fontane blieb mit dem Herzen der Müritzregion verbunden: Seine Tochter Marte, Mete genannt, heiratete einen Warener und lebte hier bis zu ihrem Tod.

Mit den Auswirkungen des Zweiten Weltkriegs hatte Waren, wie viele andere mecklenburgische Städte und Dörfer, schwer zu kämpfen. Die Stadt beherbergte zeitweise über 6 000 Flüchtlinge, für die kaum Wohnraum zur Verfügung stand. Noch vorhandene Betriebe konnten nicht produzieren, weil Material fehlte. Teile des Eisenbahnnetzes mussten als Reparationszahlungen abgebaut werden. Die DDR-Zeiten brachten wieder einen gewissen Aufschwung. 1954 erhielt die Stadt ihren Status als Kurort zurück, und in den 1960er- und 1970er-Jahren entwickelte sie sich zu einem Urlaubsort weiter. Für den Hafen als Umschlagsplatz kam jedoch das Aus, da nun alles schneller per Bahn transportiert werden konnte. Erst nach der Wiedervereinigung gelangte er wieder zu neuen Ehren. Neben Anlegern für die Müritzdampfer entstanden Gaststätten, die großen Speicher wurden zu Hotels- und Ferienwohnungen.

Der nach der »Wende« sanierte und ausgebaute Hafenbereich ist mittlerweile, neben der den Fußgängern vorbehaltenen Altstadt, touristisches Zentrum, aber auch Treffpunkt für viele Einheimische. Positiv für das Gesamtbild haben sich nicht nur die großen Anstrengungen in Sachen Stadtsanierung erwiesen, sondern auch kleinere Maßnahmen wie zum Beispiel ein Erlass, demzufolge weißes Plastikgestühl aus den Außenbereichen sämtlicher Warener Gaststätten zu weichen hatte.

Ein Großteil der Altstadt ist leider während der DDR-Zeit neuen Trassen für die Deutsche Reichsbahn und den Autoverkehr zum Opfer gefallen. Noch heute hat der in den 1970er-Jahren geprägte Begriff von der »Komplexen Verkehrslösung« deshalb in vielen Ohren keinen guten Klang. Andere Bürger atmeten seinerzeit allerdings auf: Die neuen Schienenstränge sorgten dafür, dass das schier endlos erscheinende Warten vor geschlossenen Bahnschranken ein Ende hatte.

Nach der »Wende« haben die Warener mit einer mutigen architektonischen Lösung die Trennung von Innen- und Nordstadt durch die Bahnschienen (fast) wieder aufhoben. Eine lichte, fast luftig erscheinende Unterführung verbin-

Hafen und Altstadt

det die Güstrower wieder mit der Langen Straße, dem Beginn der Warener Bummelmeile, die sich bis zum Neuen Markt und Hafen erstreckt.

Im Rathaus auf dem Neuen Markt lockt nicht nur die Galerie des Kultur- und Kunstvereins Besucher an, sondern auch das Stadtgeschichtliche Museum. Die Mitarbeiter dort haben einen liebevollen Blick für noch so kleine Details und Anekdoten, unterstützt durch einen Museums- und Geschichtsverein. Gleich gegenüber auf dem Neuen Markt ist das Warener *Haus des Gastes* zu finden, in dem die Tourismus-Information ihren Sitz hat. Urlauber bekommen hier Unterkünfte vermittelt – in der Hochsaison ein fast aussichtsloses Unterfangen. Wohl dem, der rechtzeitig gebucht hat. Im Haus des Gastes gibt es zudem Veranstaltungen – Diavorträge zum Müritz-Nationalpark gehören ebenso dazu wie Musikdarbietungen.

Das Haus der 1 000 Seen

An einer Attraktion kommt kein Besucher der Müritzregion vorbei: Dem *Müritzeum*, das für rund 13 Millionen Euro aus den Haushalten des Landkreises Müritz, der Stadt Waren und mit Hilfe der privaten Jost-Reinhold-Stiftung ge-

MÜRITZEUM

baut wurde. Seit seiner Eröffnung im August 2007 bietet es mit ganz besonderen Mitteln Orientierung in der gesamten Urlaubsregion. Spielerisch und oft auch interaktiv kann man sich im Müritzeum mit den typischen Pflanzen und Tieren vertraut machen, bekommt einen Überblick über den Landstrich samt seiner Besonderheiten und lernt viel über seine Entstehungs- und Entwicklungsgeschichte. Kein Museum im herkömmlichen Sinne – schon die mit verkohltem Lärchenholz verkleidete Fassade des ungewöhnlichen Baus eines schwedischen Architekten lässt das erahnen.

Blickfang und Mittelpunkt der Ausstellung ist ohne Zweifel das mit 100 000 Litern Inhalt größte Aquarium Deutschlands für einheimische Süßwasserfische. Über 40 Fischarten können in den 25 Aquarien beobachtet werden. Damit zeigt das Müritzeum fast alle in Mecklenburg heimischen Arten, darunter auch seltene Krebse und Schildkröten. Die 1 000-jährigen Eichen von Ivenack, Feldsteinkirchen und Gutsdörfer sind weitere Themen. Teile des Außengeländes bilden ein Erlebnisgarten und ein Abenteuerspielplatz direkt am innerstädtischen Herrensee.

Das »Haus der 1 000 Seen«, wie das Müritzeum in Anlehnung an die für die Müritzregion verwendete Marke »Land der 1 000 Seen« genannt wird, beruht auf den Sammlungen des einstigen Müritz-Museums, der Naturhistorischen Landessammlung Mecklenburg-Vorpommerns und des Müritz-Aquariums. Hermann von Maltzan hatte das Müritz-Museum 1866 gegründet, zuletzt verfügte es über rund 275 000 Exponate, vor allem Mollusken, Insekten, Eier, Vogelpräparate, Geweihe sowie Geologisches.

Mit Dampf und Muskelkraft ins Paradies

Ein absolutes Muss für Müritztouristen ist die Fahrt mit der »Europa«. Sicherlich: Mit jedem Schiff kann man die Müritz und die anderen mecklenburgischen Oberseen gemütlich erkunden, aber wann bekommt man schon Gelegenheit, an Bord eines waschechten Dampfers auf Entdeckungsreise zu gehen? Mit unverwechselbarem akustischen Signal gibt das Schiff mit dem charakteristischen schrägen Schornstein seine Ein- und Ausfahrten bekannt. Ihren angestammten Liegeplatz hat die zur weißen Flotte gehörende »Europa« im Hafen von *Waren*. Im Rumpf arbeitet eine echte Dampfmaschine, die aus den 1920er-Jahren stammt und die von Fachleuten aufgearbeitet und wieder funktionstüchtig gemacht wurde. Das Schiff selbst ist ein fast originaler Nachbau der legendären »Fontane«, die einst über viele Jahre hinweg auf der Müritz ihren Dienst versah – als die Straßen zwischen *Röbel* und Waren noch sehr zu wünschen übrig ließen. Mit dem Auffinden der Originalbaupläne wurde 2004 die Idee geboren, dieses Schiff auferstehen zu lassen. Es wurde daraufhin in Polen gebaut.

Die Landschaft rings um die Müritz lässt sich nicht nur vom Wasser aus, sondern auch zu Fuß oder per Rad bestens erkunden. Viele Wege, wie zum Beispiel der Müritz-Rundweg, der über 70 Kilometer um den Binnensee herum führt, ist ideal, um die Region kennenzulernen – reihen sich doch entlang der Strecke die Städte Waren und Röbel, aber auch viele kleine Dörfer und natürlich nicht zuletzt der weitläufige Nationalpark. Als vorzügliche Gelegenheit, sich wan-

Eingangsbereich des Müritzeums

dernd die Landschaft an der Müritz »anzueignen« gilt das WanderMa(h)l. Zentral organisiert, werden verschiedene Routen – kürzer und längere, anspruchsvolle und einfachere – an einem Tag im September ausgewiesen. Den Tiefwarensee in Waren kann man dabei auf Schusters Rappen ebenso umrunden wie verschwiegene Pfade abseits der »Touristenstrecken« entdecken. An sogenannten Futterstellen mit besonderen regionalen Köstlichkeiten ist vielerorts für Verpflegung gesorgt.

Rund acht Kilometer lang ist der Wanderweg um die *Feisneck*, ein kleiner See, in dessen Mitte die Warener Burgwallinsel liegt. Etwas weiter hinaus führt der Weg zum *Müritzhof*. Der ehemalige Pachtbauernhof liegt mitten im Nationalpark. Bereits 1931 wurden die Koppeln rund um den Müritzhof zum Naturschutzgebiet erklärt. 1954 wurde dort die erste Naturschutzlehrstätte Deutschlands gegründet. Als »Zentrale Lehrstätte für Naturschutz« diente sie der Akademie der Landwirtschaftswissenschaften. Gepflegt werden die Wiesen und Weiden rund um den Müritzhof bis auf den heutigen Tag. Die zum Teil behinderten Mitarbeiter des Lebenshilfswerkes Waren gGmbH kümmern sich um Tier und Landschaft und offerieren Leckeres gegen Hunger und Durst.

»Schönes Wetter« so ungefähr klingt übersetzt der Name des einst slawischen Ortes *Federow* rund acht Kilome-

Müritzhof am Ostufer der Müritz

ter vor den Toren Warens. Von hier aus starten nicht nur viele Touren in den Müritz-Nationalpark, hier bietet sich Gästen auch ein seltener Blick in die Kinderstube einer Fischadlerfamilie. Während das Brutpaar sich ein paar Kilometer weiter ungestört der Jungenaufzucht widmen kann, überträgt eine Videokamera jede Regung der Adler in das Informationsgebäude des Nationalpark-Services. Die Ankunft des Elternpaares im Frühjahr, die ersten Eier im Nest, der Schlupf, Fütterung und erste Flugversuche – das alles erscheint bequem und hautnah, wie es in natura kaum zu beobachten wäre. Dabei kommen beide Seiten auf ihre Kosten: Urlaubern wird ein unvergessliches Erlebnis geboten, Familie Fischadler muss keine Beeinträchtigung beim Brutgeschäft befürchten.

Ganz andere Sinne werden in der Federower Kirche angesprochen. Besucher bekommen hier ordentlich was auf die Ohren – ein Hörgenuss der besonderen Art. Denn das Federower Gotteshaus ist Deutschlands erste und bislang einzige Hörspielkirche. Das Programm entsteht durch die Zusammenarbeit mit Rundfunkanstalten und wird durch zahlreiche Buch-, Musik- und Theaterverlage unterstützt. Regelmäßig läuft während der Sommersaison nachmittags das Kinderprogramm und abends gibt es Hörspiele für Erwachsene – von Robert Louis Stevenson bis Theodor Fontane.

Ein Ort mit dem ungewöhnlichen Namen *Speck* liegt rund 15 Kilometer südöstlich von Waren. Um es gleich zu sagen: Der Name hat nichts mit Fleischverarbeitung oder Fitnessproblemen zu tun. Vielmehr ist er slawischen Ursprungs und bezeichnet einen Damm oder einen befestigten Weg durch sumpfiges Gelände. Von Speck aus führen wunderbare Spaziergänge um den Mühlensee, zum Priesterbäckersee und vor allem zum Käflingsbergturm, durch dessen Errichtung übrigens mehrere Fliegen mit einer Klappe geschlagen wurden. Wenn es auch seinen begeisterten Besuchern kaum bewusst ist, so gab nicht seine Funktion als Aussichtspunkt den Ausschlag für seinen Bau, sondern vielmehr technische Notwendigkeit. Teile des Müritz-Nationalparks sollten für den Mobilfunk besser erreichbar gemacht werden. Andererseits musste ein neuer Feuerwachturm her, um mögliche Brände im Schutzgebiet schnell ausmachen zu können. Aus Kostengründen wurden beide Anforderungen mit dem im April 2000 eingeweihten Bau erfüllt. Und quasi nebenbei entstand eine beliebte Touristenattraktion.

167 Stufen muss derjenige erklimmen, der die Sicht von der Turmplattform aus genießen will. Bei 131 Metern über Normalnull schaut man von dort über den Müritz-Nationalpark, viele Seen und das Havelquellgebiet. Ist das Wetter klar genug, reicht der Blick der Besucher bis nach Waren, Röbel, Neustrelitz und manchmal sogar bis Neubrandenburg. Der Turm ist von Mai bis Oktober für Besucher zugänglich und von Speck aus am besten zu Fuß oder mit dem Fahrrad zu erreichen. Am Käflingsberg befindet sich zudem eine Haltestelle der Müritz-Nationalparklinie – für alle diejenigen, die ihre Energie für die Besteigung des Turmes sparen wollen.

Die ursprüngliche Natur in der Müritzregion ist Heimat ganz urtümlicher Tiere. Auf dem *Damerower Werder bei Jabel* leben Wisente unter fast natürlichen Bedingungen auf einer rund 320 Hektar großen, unter Naturschutz stehenden Halbinsel des Kölpinsees. Vor Jahrhunderten müssen diese Kolosse, die zum Teil über 1 000 Kilo auf eine Waage bringen würden, in den Mecklenburger Wäldern zu Hause gewesen sein und den Menschen als Nahrungsgrundlage gedient haben. Im 17. / 18. Jahrhundert starben sie aus – eine Folge zunehmender Besiedlung und Umwandlung der Wälder in landwirtschaftliche Nutzflächen. Wisente hier wieder heimisch zu machen, das war die Idee des Zoologen Heinrich Dathe, 34 Jahre Direktor des Berliner Tierparks und durch eine eigene Radiosendung in der DDR sehr populär. Bereits 1957 wurde das Reservat auf dem Damerower Werder gegründet und mit Hilfe von Tieren aus Polen die Zucht der Wisente begonnen. Rund 30 Tiere leben heute dort, jährlich werden mehrere Kälber geboren. Das 2006 eröffnete moderne Besucher- und Informationszentrum bietet gute Einblicke in das Leben eines Wisents. Darüber hinaus können die Kolosse bei den täglichen Fütterungen beobachtet werden. Für einen exzellenten Blick auf das Geschehen sorgen höher gelegene Aussichtsplattformen. Diese sollten Neugierige auch tunlichst nutzen, denn eine Annäherung vom Wasser her ist ebenso verboten wie gefährlich. Insbesondere Bullen sind reizbar und können trotz einer Tonne Lebendgewicht erstaunliche Schnelligkeit entwickeln.

Mühlensee bei Speck

Blick vom Käflingsbergturm auf den Großen und Kleinen Zillmannsee

Ob nun Wisente oder Fischadler, ob Schloss, Guts- oder Gotteshaus – zu erleben, zu bestaunen und zu entdecken gibt es in der Müritzregion jede Menge. Und für viele »Neulinge« in Sachen Müritz-Urlaub steht nach dem ersten Aufenthalt fest: Wir kommen wieder. Denn die Weite Mecklenburgs hält Erholung und Anregung gleichermaßen bereit. Zudem benötigt man als Müritz-Fan wohl mehrere Anläufe, um wirklich alles mit eigenen Augen gesehen zu haben, denn immer neue touristische Angebote werden entwickelt. Schon lange als »Aushängeschild« der Region etabliert sind die typischen kulinarischen Köstlichkeiten, die vor allen Dingen aus den vielen Seen stammen. Hecht, Aal, Zander, Kleine Maräne, auch Wels, Barsch und Karpfen gehören auf die einheimischen Speisezettel und dürfen auch auf den Tellern der Gäste nicht fehlen. In vielen Dörfern präsentieren Fischer ihre Fänge – frisch, über Buchenholz geräuchert oder als Fischbrötchen »verpackt«. Wer Fisch mag, der wird die Müritzregion lieben.

Liebenswert sind auch die Menschen, die in jenem Landstrich leben. Obwohl ihnen eine gewisse »Knorrigkeit« nachgesagt wird. Zunächst zurückhaltend, erweckt der Müritzer manchmal einen spröden Eindruck, der sich jedoch verflüchtigt, wenn ein anderer sich Zeit nimmt, sich einzulassen, richtig hinzusehen und zuzuhören. Wem ein Müritzer sein Herz geöffnet hat, dem gehört es oft auf Dauer.

Schafzucht – Teil der Landschaftspflege in der Müritzregion
Seite 57: Zugvögel am Warnker See

Gutshaus Solzow
Seite 58: Schloss Groß Plasten

Sietower Hafen
Seite 60: Wienpietschsee

Petra Konermann wurde 1969 in Malchin geboren, besuchte die Schule in Röbel und lebt heute mit ihrer Familie in der Dorfgemeinde Sietow. Ihr besondere Vertrautheit mit dem Müritzkreis hat die Journalistin zum Beruf gemacht: Seit 1992 arbeitet Petra Konermann als Redakteurin der Tageszeitung »Nordkurier« für die Lokalausgabe »Müritz-Zeitung« mit Sitz in Waren.

Ronny Blohm, Jahrgang 1976, geboren und aufgewachsen in Güstrow, lebt und arbeitet als Radiologieassistent in Rostock, fotografiert seit der Schulzeit. Neben der Darstellung von Architektur und Stadtansichten liegt sein fotografisches Interesse vorwiegend in der Naturfotografie.

Mit seiner analogen Kamera (Pentax 67 II) fängt er Besonderheiten und Stimmungen von Landschaften ein. Bereits bei Hinstorff erschienen ist sein Bildband Güstrow:

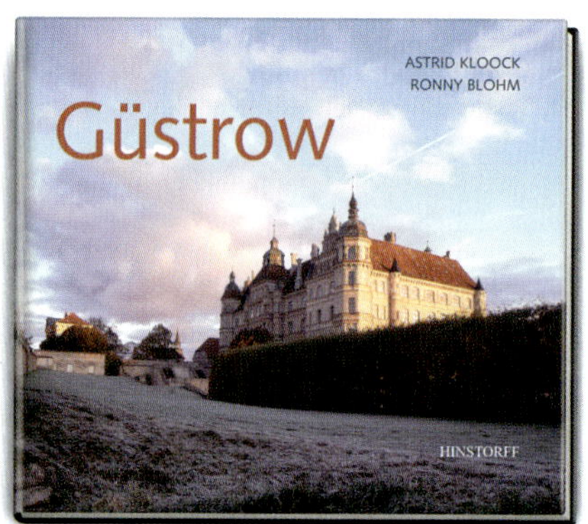

64 Seiten | 40 Farbfotos | 1 Karte
Euro 9,90 | SFr 18,00 | ISBN 978-3-356-01305-4

ZEICHENERKLÄRUNG

- Landesgrenze
- Bundesautobahn mit Nummer (19)
- Bundesstraße mit Nummer (192)
- Bundesstraße in Bau
- Landes- und Kreisstraße
- Eisenbahnlinie (Personenverkehr)

- **Mirow** – Stadt
- *Bütow* – Gemeinde
- *Minzow* – Gemeindeteil
- Großschutzgebiet
- Waldfläche

Radfernwege:

- Mecklenburgischer Seen-Radweg
- Berlin–Kopenhagen
- E10 – Europäischer Fernwanderweg mit Nummer

- National-, Naturparkinformation
- Touristinformation
- Schloss
- Burg, Burganlage
- Windmühle
- Zoo, Tiergarten
- Golfplatz
- Campingplatz
- Erlebnisbad
- Schleuse
- Bootumtragestelle
- Für Motorboote gesperrt
- Hafen, Marina, Anlegestelle
- Wasserwanderrastplatz

1 : 380 000

0 – 5 – 10 – 15 – 20 – 25 km

(1 cm in der Karte ≙ 3,8 km in der Natur)

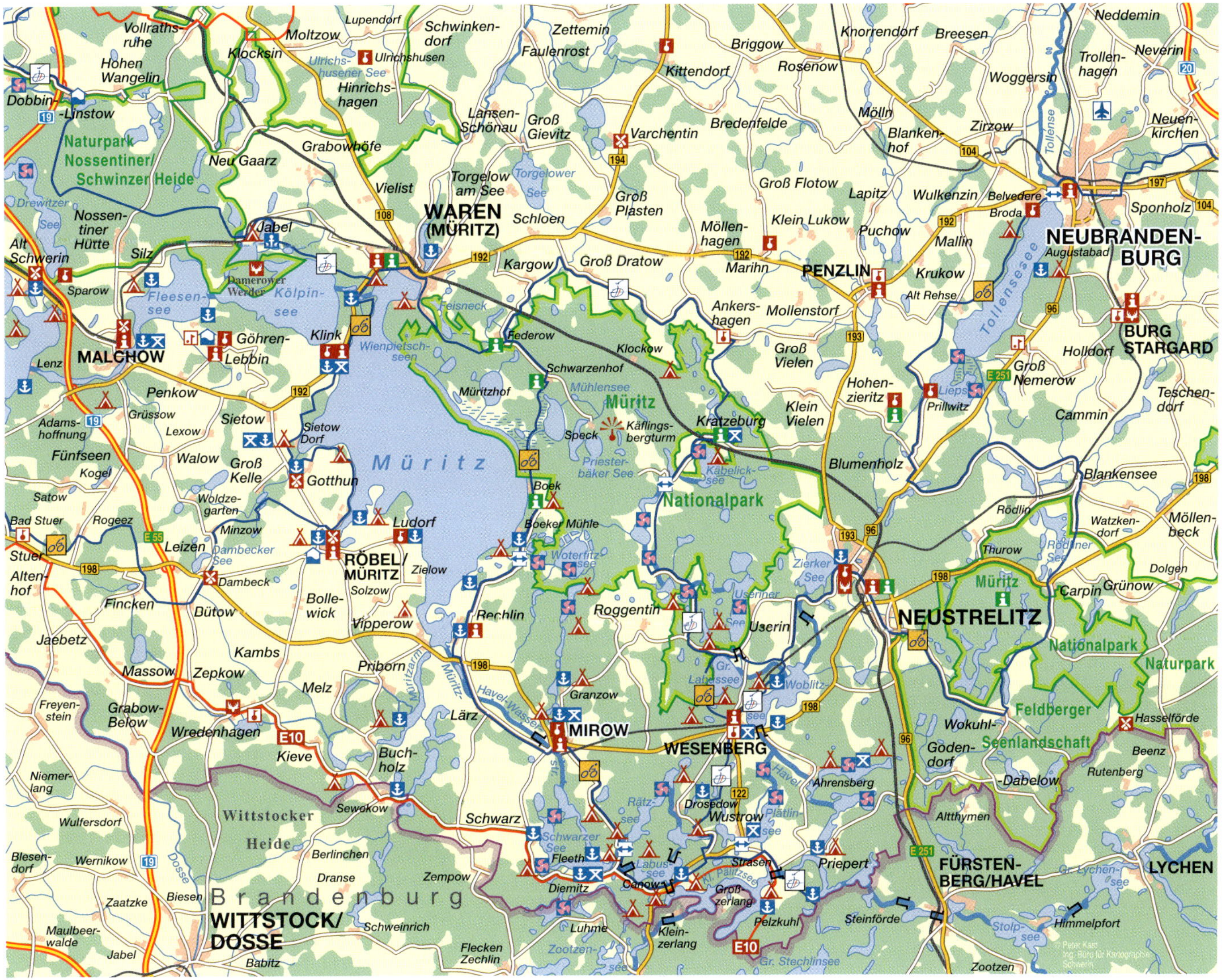
Vollraths-ruhe
Moltzow
Lupendorf
Schwinken-dorf
Zettemin
Faulenrost
Briggow
Knorrendorf
Breesen
Neddemin
Hohen Wangelin
Klocksin
Ulrichshusen
Ulrichshusener See
Hinrichs-hagen
Kittendorf
Rosenow
Trollen-hagen
Neverin
Woggersin
Dobbin-Linstow
Lansen-Schönau
Groß Gievitz
Varchentin
Bredenfelde
Mölln
Blanken-hof
Zirzow
Tollense
Neuen-kirchen
Naturpark Nossentiner/ Schwinzer Heide
Grabowhöfe
Neu Gaarz
Torgelow am See
Torgelower See
Groß Plasten
Groß Flotow
Lapitz
Wulkenzin
Belvedere
Broda
Sponholz
Drewitzer See
Vielist
Nossen-tiner Hütte
Jabel
WAREN (MÜRITZ)
Schloen
Möllen-hagen
Klein Lukow
Puchow
Mallin
NEUBRANDEN-BURG
Augustabad
Alt Schwerin
Silz
Kargow
Groß Dratow
Marihn
PENZLIN
Krukow
Alt Rehse
Tollensesee
Sparow
Fleesen-see
Damerower Werder
Kölpin-see
Feisneck
Ankers-hagen
Mollenstorf
BURG STARGARD
Göhren-Lebbin
Klink
Federow
Wienpietsch-seen
Klockow
Groß Vielen
Holldorf
Lenz
MALCHOW
Schwarzenhof
Groß Nemerow
Penkow
Müritzhof
Mühlensee
Müritz
Hohen-zieritz
Lieps
Prillwitz
Teschen-dorf
Adams-hoffnung
Grüssow
Lexow
Sietow
Sietow Dorf
Käflings-bergturm
Speck
Kratzeburg
Klein Vielen
Cammin
Fünfseen
Walow
Groß Kelle
Müritz
Priester-bäker See
Käbelick-see
Blumenholz
Blankensee
Kogel
Gotthun
Satow
Woldze-garten
Boek
Nationalpark
Rödlin
Watzken-dorf
Möllen-beck
Bad Stuer
Rogeez
Minzow
Ludorf
Boeker Mühle
Thurow
Rödliner See
Stuer
Leizen
Dambecker See
RÖBEL/ MÜRITZ
Zielow
Woterfitz-see
Zierker See
Dolgen
Alten-hof
Dambeck
Solzow
Mürtiz
Carpin
Grünow
Fincken
Bolle-wick
Roggentin
Useriner See
Düttow
Rechlin
Userin
NEUSTRELITZ
Jaebetz
Vipperow
Nationalpark
Naturpark
Kambs
Massow
Zepkow
Priborn
Müritzarm
Gr. Labussee
Woblitz
Freyen-stein
Melz
Granzow
Feldberger Seenlandschaft
Grabow-Below
Wredenhagen
Lärz
Havel-Wasserstr.
MIROW
WESENBERG
Wokuhl-Goden-dorf
Hasselförde
Beenz
E10
Kieve
Buch-holz
Rutenberg
Niemer-lang
Havel
Ahrensberg
Dabelow
Wittstocker Heide
Sewekow
Rätz-see
Drosedow
Wustrow
Plätlin-see
Wulfersdorf
Schwarz
Schwarzer See
Altthymen
Blesen-dorf
Wernikow
Dosse
Berlinchen
Fleeth
Strasen
Priepert
FÜRSTEN-BERG/HAVEL
LYCHEN
Dranse
Zempow
Labus-see
Kl. Pälitzsee
Gr. Lychen-see
Zaatzke
Biesen
Brandenburg
Diemitz
Canow
Groß-zerlang
WITTSTOCK/ DOSSE
Schweinrich
Pelzkuhl
Steinförde
Himmelpfort
Maulbeer-walde
Luhme
Klein-zerlang
Stolp-see
Jabel
Flecken Zechlin
Zootzen-see
E10
Gr. Stechlinsee
Babitz
Zootzen
E 55
E 251
© Peter Kast Ing.-Büro für Kartographie Schwerin

Ulrichshusener See

Titelbild: Blick auf Röbel
Seite 2: Rechliner Hafen
Seite 4: Abends am Ostufer der Müritz bei Boek
Rücktitel: Die »Europa« vor Waren

Die Deutsche Nationalbibliothek verzeichnet diese Publikation in der Deutschen Nationalbibliografie; detaillierte bibliografische Daten sind im Internet über http://dnb.ddb.de abrufbar.

Lagerstraße 7, 18055 Rostock
Tel. 0381 / 4969 - 0
www.hinstorff.de
www.ronnyblohm.de

1. Auflage 2010
Herstellung: Hinstorff Verlag GmbH
Lektorat: Dr. Florian Ostrop
Druck und Bindung: Himmer AG
Printed in Germany
ISBN 978-3-356-01353-5